THE HAUNTED!
LES LIEUX HANTÉS!

HAUNTED HOTELS

LES HÔTELS HANTÉS

A Crabtree Branches Book

Un livre de la collection Les branches de Crabtree

THOMAS KINGSLEY TROUPE

Crabtree Publishing
crabtreebooks.com

School-to-Home Support for Caregivers and Teachers

This high-interest book is designed to motivate striving students with engaging topics while building fluency, vocabulary, and an interest in reading. Here are a few questions and activities to help the reader build upon his or her comprehension skills.

Before Reading:

- What do I think this book is about?
- What do I know about this topic?
- What do I want to learn about this topic?
- Why am I reading this book?

During Reading:

- I wonder why...
- I'm curious to know...
- How is this like something I already know?
- What have I learned so far?

After Reading:

- What was the author trying to teach me?
- What are some details?
- How did the photographs and captions help me understand more?
- Read the book again and look for the vocabulary words.
- What questions do I still have?

Extension Activities:

- What was your favorite part of the book? Write a paragraph on it.
- Draw a picture of your favorite thing you learned from the book.

Soutien de l'école à la maison pour les parents, les gardiens et les enseignants

Ce livre très intéressant est conçu pour motiver les élèves en difficulté d'apprentissage grâce à des sujets captivants, tout en améliorant leur fluidité, leur vocabulaire et leur intérêt pour la lecture. Voici quelques questions et activités pour aider le lecteur ou la lectrice à développer ses capacités de compréhension.

Avant la lecture

- De quoi ce livre parle-t-il?
- Qu'est-ce que je sais sur ce sujet?
- Qu'est-ce que je veux apprendre sur ce sujet?
- Pourquoi je lis ce livre?

Pendant la lecture

- Je me demande pourquoi...
- Je suis curieux de savoir...
- En quoi est-ce semblable à quelque chose que je sais déjà?
- Qu'est-ce que j'ai appris jusqu'à présent?

Après la lecture

- Qu'est-ce que l'auteur veut m'apprendre?
- Nomme quelques détails.
- Comment les photographies et les légendes m'aident-elles à mieux comprendre?
- Lis le livre à nouveau et cherche les mots de vocabulaire.
- Ai-je d'autres questions?

Activités complémentaires

- Quelle est ta section préférée de ce livre? Rédige un paragraphe à ce sujet.
- Fais un dessin représentant l'information que tu as préférée dans ce livre.

TABLE OF CONTENTS

TABLE DES MATIÈRES

CHECKING IN... FOREVER

LA DERNIÈRE VISITE

You awaken in the middle of the night and sit up. It feels like someone is watching you. The air is cold, making you shiver. In the darkness, you see a figure standing at the end of the bed. Your heart races as you turn on the bedside lamp. As soon as the room is lit up, the figure is gone. Is this hotel actually haunted?

Tu te réveilles au beau milieu de la nuit et tu t'assois. Tu as l'impression que quelqu'un t'observe. L'air est froid, ce qui te fait frissonner. Dans la noirceur, tu vois une silhouette au bout du lit. Ton cœur bat à toute allure alors que tu allumes la lampe de chevet. Dès que la chambre s'éclaire, la silhouette disparaît. Cet hôtel est-il hanté?

Every state or country has a haunted history. Hotels are where travelers check in for a relaxing vacation. Unfortunately, some of the ghostly guests from long ago never bothered to check out! For now, the hotels in this book are still open for business, haunted or not!

Tous les États ou pays ont une histoire de lieu hanté. Les hôtels sont des endroits que les voyageurs visitent pour se reposer en vacances. Malheureusement, certains invités fantomatiques n'ont jamais quitté l'hôtel! Pour l'instant, les hôtels dans ce livre sont toujours ouverts, qu'ils soient hantés ou pas!

Grab your flashlight and take a deep breath. You're about to discover why these hotels are among... THE HAUNTED.

Attrape ta lampe de poche et prends une grande inspiration. Tu es sur le point de découvrir pourquoi ces hôtels figurent parmi... LES LIEUX HANTÉS.

FRIGHTENING FACT

There is at least one haunted hotel in every state in the United States of America.

FAIT EFFRAYANT

Il y a au moins un hôtel hanté dans chaque État des États-Unis.

Hollywood Roosevelt Hotel
L'Hôtel Hollywood Roosevelt

Along the Hollywood Walk of Fame in California sits the Hollywood Roosevelt Hotel. The Roosevelt opened in 1927 and many famous guests have stayed there.

L'hôtel Hollywood Roosevelt se trouve sur l'Allée des célébrités d'Hollywood en Californie. Le Roosevelt a ouvert ses portes en 1927 et de nombreux invités de marque y ont séjourné.

Some claim to have seen the ghosts of famous actors. Marilyn Monroe's image often appears in a mirror in room 1200 where she lived for two years. Montgomery Clift's ghost is said to pat visitors on the shoulder.

Certains affirment avoir vu les fantômes d'acteurs célèbres. L'image de Marilyn Monroe apparaît souvent dans un miroir de la chambre 1200, où elle a vécu pendant deux ans. On dit que le fantôme de Montgomery Clift tapote l'épaule des visiteurs.

FRIGHTENING FACT

Famous people aren't the only ghosts that haunt the Roosevelt. Some have witnessed a ghostly girl in a blue dress. The little girl is known as Caroline and seems to be looking for her mother.

FAIT EFFRAYANT

Les célébrités ne sont pas les seuls fantômes qui hantent le Roosevelt. Certains ont aperçu une fillette fantomatique vêtue d'une robe bleue. Cette petite fille s'appellerait Caroline et semble chercher sa mère.

ANCIENT RAM INN, ENGLAND

L'ANCIENT RAM INN EN ANGLETERRE

The Ancient Ram Inn in England was built in 1145. It was the former home of a priest and rumored to sit on top of an ancient **pagan** burial ground.

L'Ancient Ram Inn en Angleterre a été construite en 1145. Un prêtre y habitait et la rumeur veut que l'auberge ait été construite sur un ancien cimetière **païen**.

Evil things happened in the inn's past. A woman who was believed to be a witch hid inside Ancient Ram. She was later captured and burned at the stake.

Des choses terribles s'y sont produites par le passé. Une femme que l'on croyait sorcière s'est cachée dans l'Ancient Ram. Elle a plus tard été capturée et brûlée vive.

FRIGHTENING FACT

One visitor was said to have been lifted and thrown across the hall in the Bishop's Room of the Ancient Ram Inn.

FAIT EFFRAYANT

On raconte qu'un visiteur a été soulevé puis projeté dans le couloir de la chambre de l'évêque de l'Ancient Ram Inn.

A man named John Humphries bought the inn in 1968 and decided to make it his home. He claimed that during his first night's sleep, a **demonic** force grabbed his arm. It pulled him from his bed and dragged him across the room.

Un homme nommé John Humphries a acheté l'auberge en 1968 et a décidé d'en faire sa maison. Il prétend que lors de sa première nuit, une force **démoniaque** a agrippé son bras. Elle l'a tiré de son lit et traîné dans la chambre.

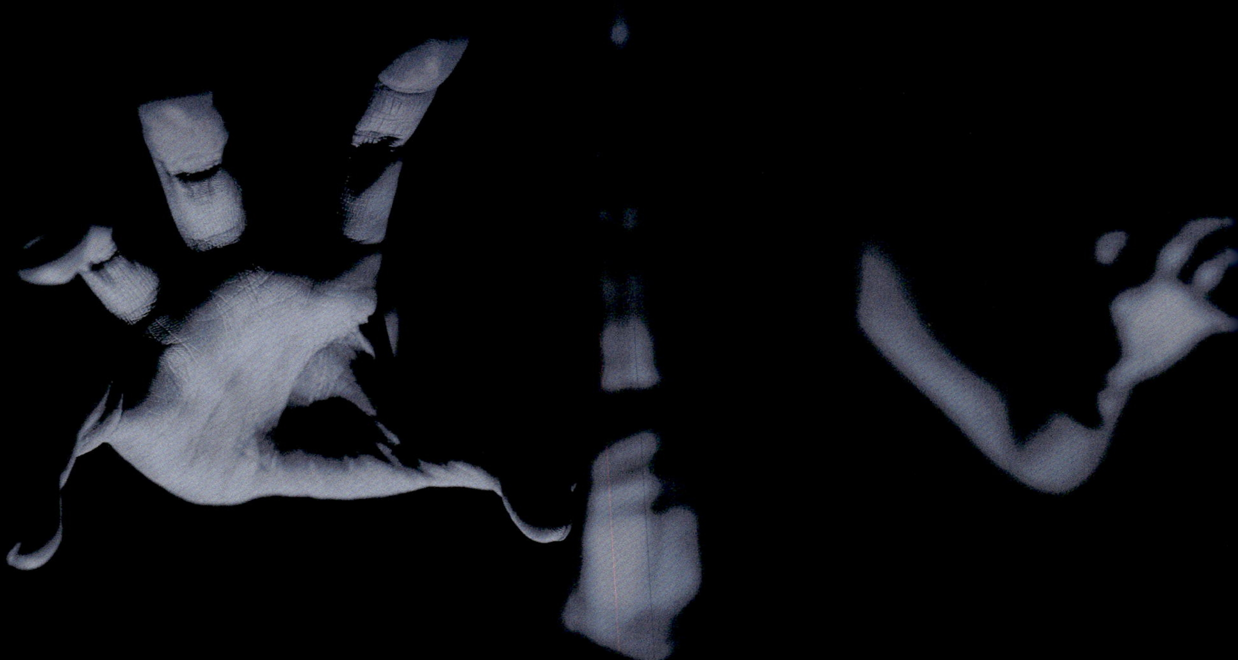

John was determined to live in the haunted inn. His wife and three daughters didn't want anything to do with it. They left, but John lived at the inn for almost 50 years.

John était déterminé à vivre dans l'auberge hantée. Sa femme et ses trois filles n'étaient pas du même avis. Elles sont parties, mais John a habité dans l'auberge pendant près de 50 ans.

Broken daggers and small skeletons were found buried beneath a staircase at Ancient Ram Inn. The remains appeared to be the bones of children. The daggers were likely used for some sort of dark ritual or sacrifice.

Des dagues brisées et de petits squelettes ont été trouvés enterrés sous un escalier de l'Ancient Ram Inn. Les restes humains semblaient être les ossements d'enfants. Les dagues ont probablement été utilisées dans le cadre d'un rituel sinistre ou d'un sacrifice.

LA FONDA ON THE PLAZA, NEW MEXICO
LA FONDA ON THE PLAZA AU NOUVEAU-MEXIQUE

In New Mexico stands the hotel known as La Fonda on the Plaza. Built in 1922, it sits on the site of Santa Fe's first inn, back when the city was established around 1607.

On trouve au Nouveau-Mexique un hôtel appelé La Fonda on the Plaza. Construit en 1922, il est situé sur l'emplacement de la première auberge de Santa Fe, du temps où la ville a été établie vers 1607.

Guests have seen the ghost of a young bride who was murdered on her wedding night. Others have seen the **specter** of a cowboy hanging around the bar.

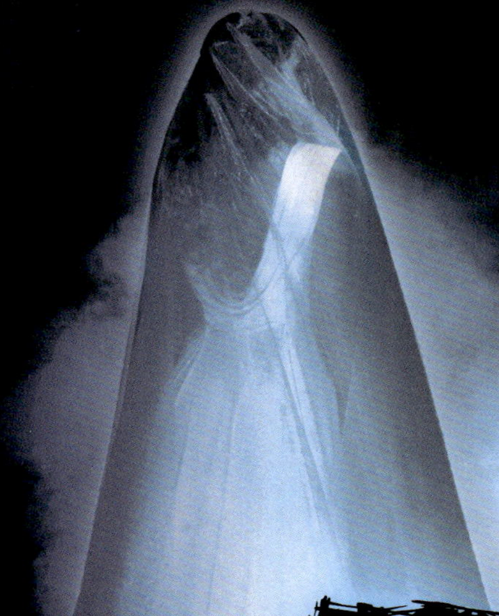

Les invités y ont vu le fantôme d'une jeune mariée qui a été assassinée lors de sa nuit de noces. D'autres ont vu le **spectre** d'un cowboy se tenant au bar.

One of the most common **paranormal** occurrences is the appearance of Chief Justice John P. Slough's ghost. He was shot to death in the lobby in 1867. Visitors have heard Judge Slough's footsteps as he walks the hotel hallways. Others have spotted him wearing his favorite long, black coat before he disappears!

L'un des phénomènes **paranormaux** les plus courants est l'apparition du fantôme du juge en chef John P. Slough. Il a été tué par balles dans le hall d'entrée de l'hôtel en 1867. Des visiteurs ont entendu les pas du juge Slough marchant dans les couloirs de l'hôtel. D'autres l'ont aperçu portant son long manteau noir préféré avant de disparaître!

Borgvattnet Vicarage Ragunda, Sweden

La cure de Borgvattnet à Ragunda en Suède

The Borgvattnet Vicarage is one of Sweden's most haunted locations. It was built in 1876 as a home for **vicars**. From the outside, it looks like an old, wooden cabin at the edge of the woods.

La cure de Borgvattnet est l'un des lieux les plus hantés de la Suède. Elle a été construite en 1876 pour servir de maison aux **pasteurs**. De l'extérieur, elle ressemble à un vieux chalet de bois près de la forêt.

Sometime in 1927, reports of hauntings came from the vicarage. The vicar living there claimed his laundry was torn from the clothesline without explanation.

En 1927, des signalements d'événements surnaturels ont été déposés par la cure. Le pasteur qui y vivait a affirmé que ses vêtements avaient été arrachés de la corde à linge sans explication.

Nearly every vicar and family member that moved into the house since has witnessed paranormal activity. Some have seen things move on their own. Others have heard screams. Shadow people have appeared.

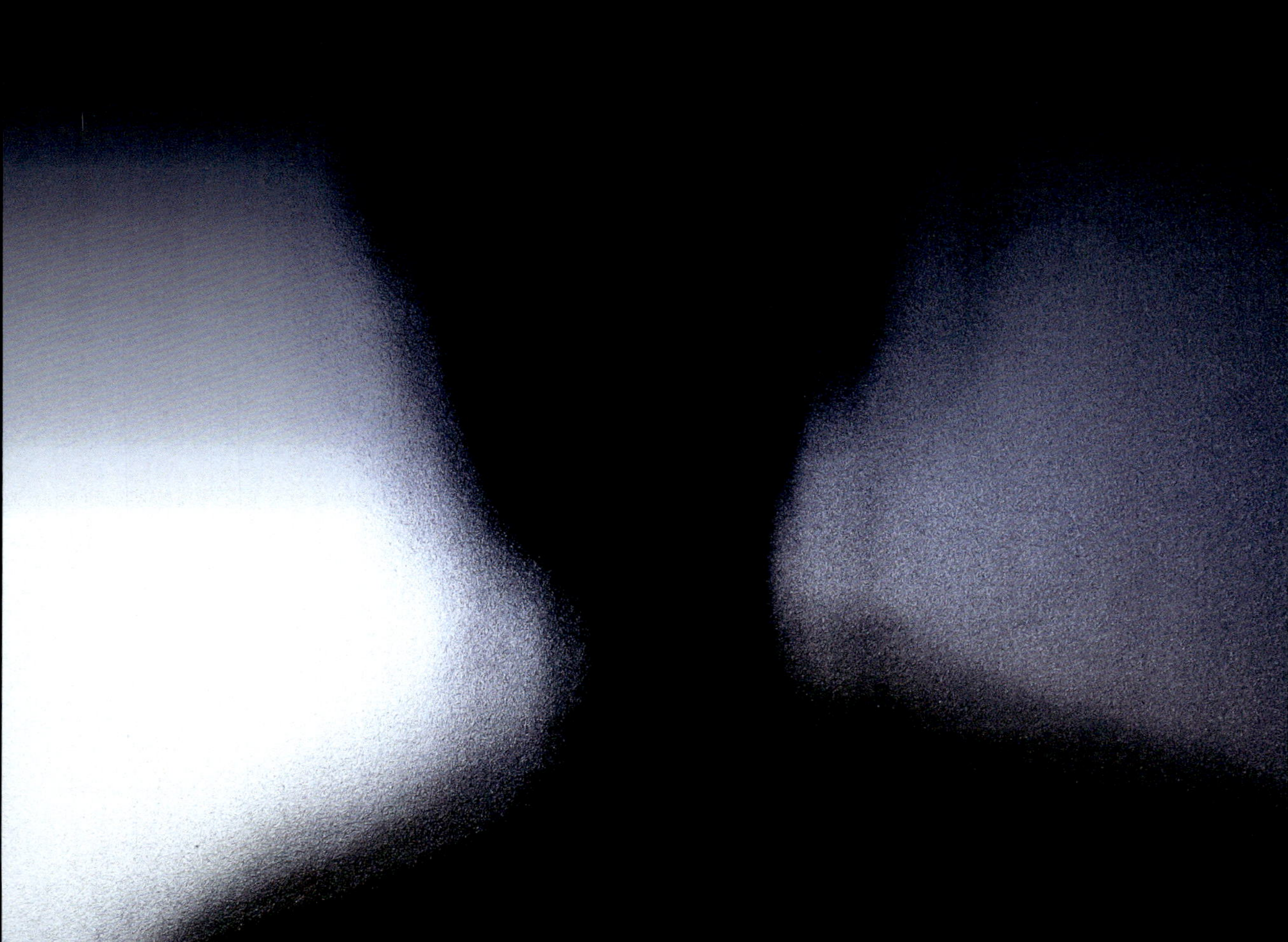

Presque tous les pasteurs et les membres de leur famille qui ont habité dans cette maison depuis ont été témoins de phénomènes paranormaux. Certains ont vu des objets bouger tout seuls. D'autres ont entendu des cris. Des gens de l'ombre sont apparus.

The vicarage is no longer a home for holy people. It is now a bed and breakfast for any brave soul who wants to spend the night.

La cure n'est plus une maison pour les pasteurs. Le bâtiment offre maintenant des chambres d'hôte pour les âmes courageuses qui veulent y passer la nuit.

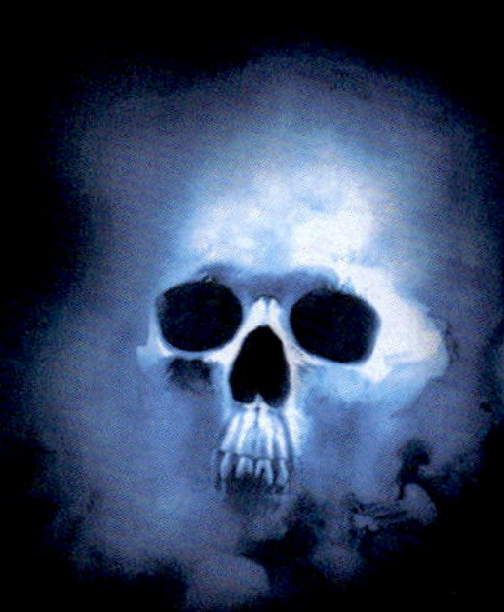

FRIGHTENING FACT

In the early 1980s, Father Tore Forslund vowed to rid the vicarage of ghosts. Nothing changed and he left within a year's time.

FAIT EFFRAYANT

Au début des années 1980, le père Tore Forslund a fait le serment de débarrasser la cure des fantômes. Rien n'a changé et il est parti après un an.

Red Lion Inn, Massachusetts

Le Red Lion Inn au Massachusetts

Travelers who want a good night's sleep should probably avoid The Red Lion Inn. Built in 1773, this haunted hotel is located in Stockbridge, Massachusetts.

Les voyageurs qui veulent passer une bonne nuit de sommeil devraient probablement éviter le Red Lion Inn. Construit en 1773, cet hôtel hanté est situé à Stockbridge au Massachusetts.

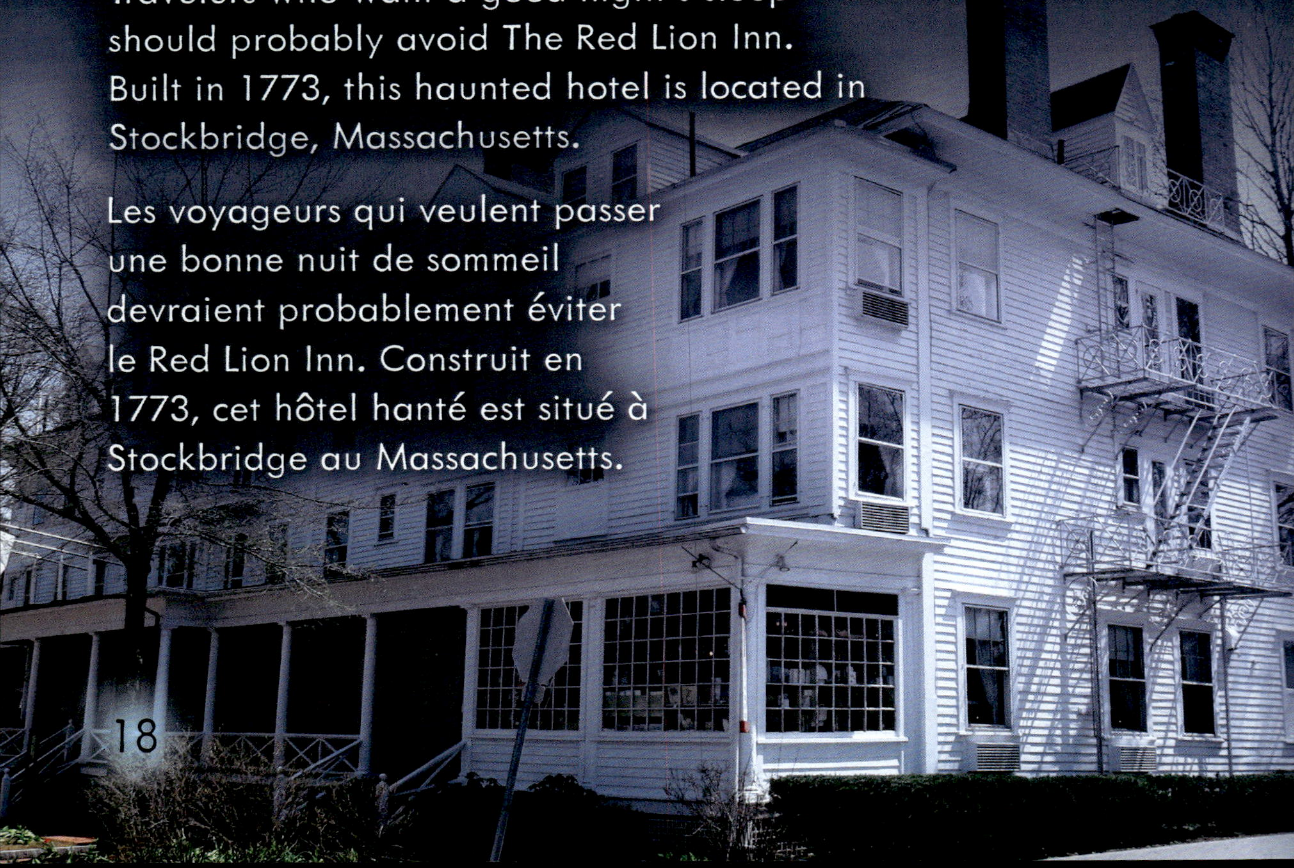

The fourth floor seems to be the spookiest. People have reported seeing a ghostly girl carrying flowers. A man in a top hat likes to stand over the bed of sleeping guests.

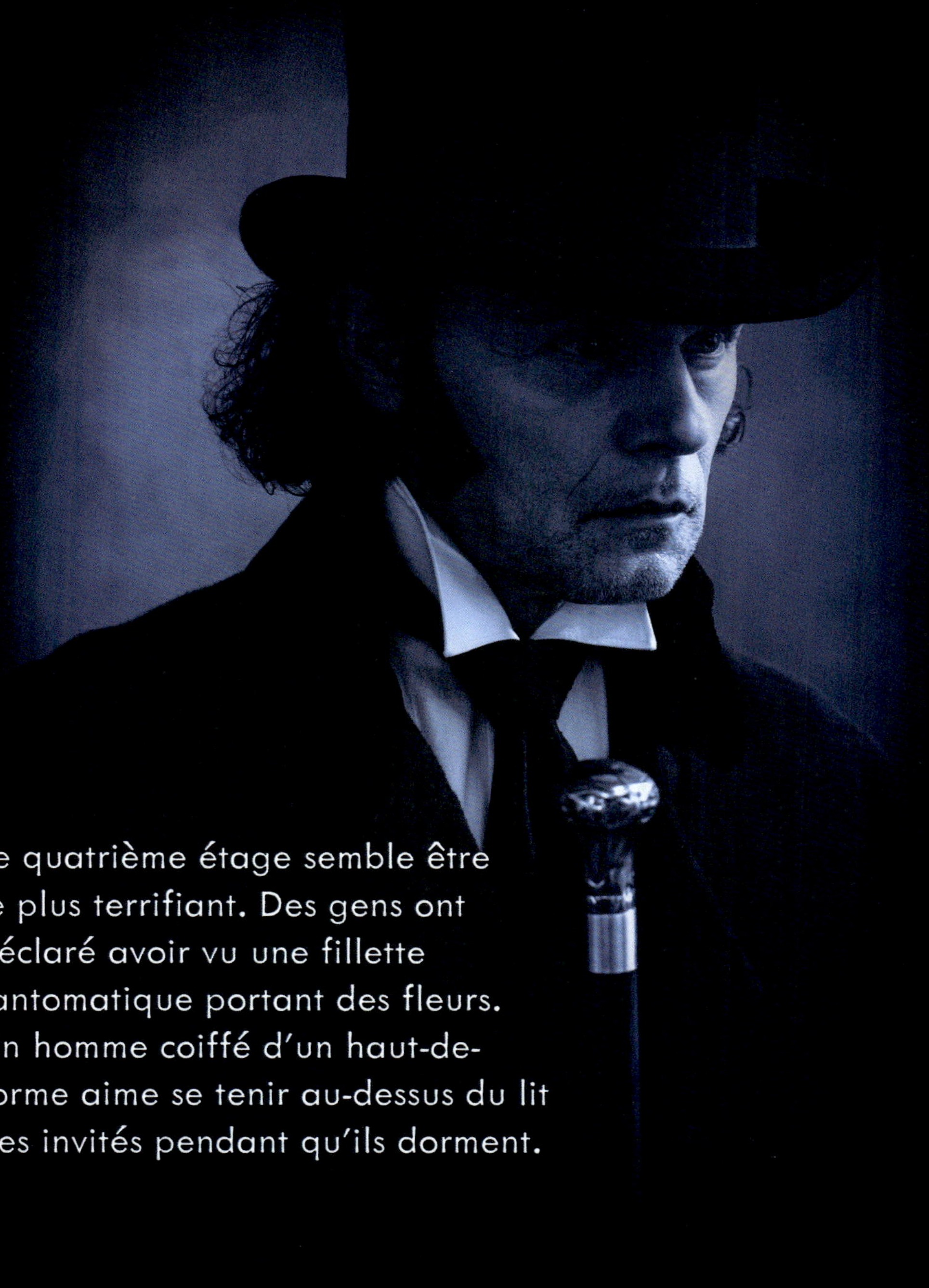

Le quatrième étage semble être le plus terrifiant. Des gens ont déclaré avoir vu une fillette fantomatique portant des fleurs. Un homme coiffé d'un haut-de-forme aime se tenir au-dessus du lit des invités pendant qu'ils dorment.

FAIRMONT BANFF SPRINGS HOTEL
L'HÔTEL FAIRMONT BANFF SPRINGS

The Fairmont Banff Springs Hotel in Calgary resembles a castle nestled in the Canadian mountainside. It opened in 1888 and quickly became popular for both the living and the dead.

L'hôtel Fairmont Banff Springs de Calgary ressemble à un château blotti au flanc d'une montagne canadienne. Il a ouvert ses portes en 1888 et est rapidement devenu populaire auprès des vivants et des morts.

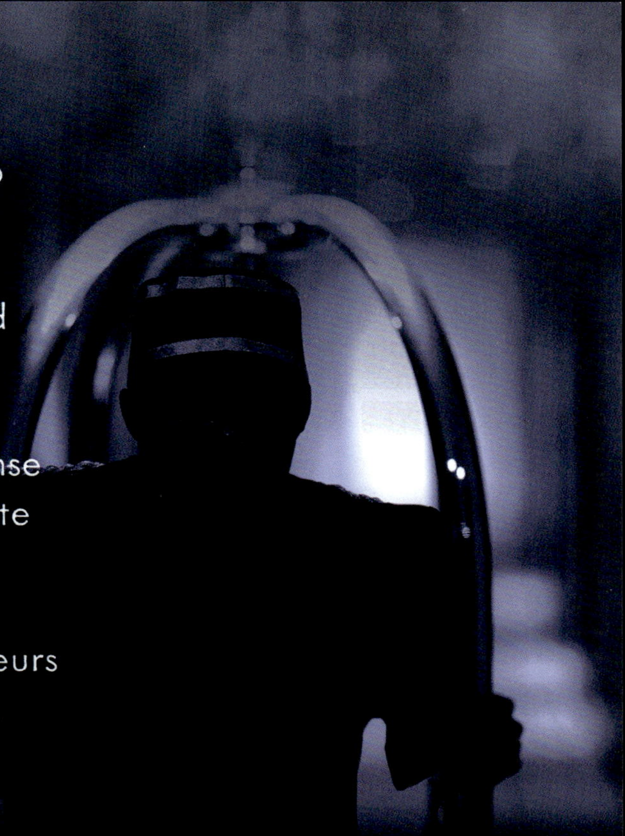

Several ghosts haunt the massive hotel, including a bride who fell to her death on a stone staircase. A **bellman** named Sam is believed to help guests with their luggage and unlock doors.

Plusieurs fantômes hantent l'immense hôtel, dont une mariée qui est morte après une chute dans un escalier en pierre. On croit qu'un **chasseur** nommé Sam aide les invités avec leurs bagages et déverrouille les portes.

Rumor has it that a family was murdered in room 873. Some guests who have stayed in the room since have been awoken by screaming. Bloody handprints were said to appear on the mirrors. Visit the hotel now and you'll find that room 873 is no longer there. Many believe it was closed up to keep visitors out!

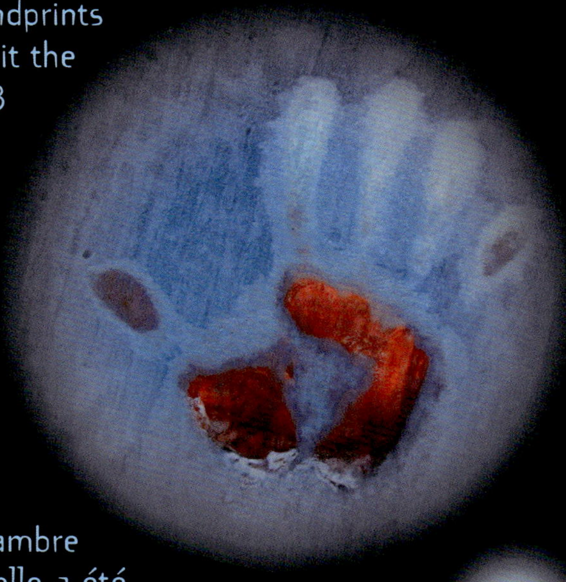

La rumeur veut qu'une famille ait été assassinée dans la chambre 873. Certains invités qui ont séjourné dans cette chambre depuis ont été réveillés par des cris. On dit que des traces de mains ensanglantées sont apparues sur les miroirs. Si tu visites l'hôtel maintenant, tu verras que la chambre 873 n'existe plus. Plusieurs croient qu'elle a été condamnée pour empêcher les visiteurs d'y entrer!

SAVOY HOTEL, MUSSOORIE, INDIA

LE SAVOY HOTEL À MUSSOORIE EN INDE

In Mussoorie, India, sits the beautiful Savoy Hotel, built in 1902. Despite looking like a peaceful resort, the large property has a haunted history.

On trouve le magnifique Savoy Hotel à Mussoorie en Inde. Il a été construit en 1902. Malgré son apparence de centre de villégiature paisible, la vaste propriété a une histoire de fantômes.

The body of **spiritualist** Frances Garnett-Orme was discovered inside her locked room. She was mysteriously poisoned. Her ghost is rumored to haunt the hotel, looking for the person who murdered her.

Le corps de la **spiritiste** Frances Garnett-Orme a été découvert à l'intérieur de sa chambre verrouillée. Elle a été mystérieusement empoisonnée. La rumeur veut que son fantôme hante l'hôtel, à la recherche de la personne qui l'a assassinée.

FRIGHTENING FACT

A number of classic authors were interested in the case of Lady Garnett, including Sherlock Holmes author Sir Arthur Conan Doyle, and mystery writer Agatha Christie.

FAIT EFFRAYANT

Plusieurs auteurs classiques se sont intéressés au cas de Lady Garnett, notamment Sherlock Holmes l'auteur Sir Arthur Conan Doyle et l'écrivaine de romans policiers Agatha Christie.

THE STANLEY HOTEL
LE STANLEY HOTEL

Perhaps one of the most popular haunted hotels is the Stanley Hotel in Estes Park, Colorado. It opened in 1909 and sits near the entrance of Rocky Mountain National Park.

Le Stanley Hotel d'Estes Park au Colorado est peut-être le plus connu des hôtels hantés. Il a ouvert ses portes en 1909 et est situé près de l'entrée du parc national des Montagnes Rocheuses.

The hotel was built by and named after F.O. Stanley, the man who invented the Stanley Steemer Automobile. He passed away in 1940, but according to many, he never left the hotel behind.

L'hôtel a été construit par F.O. Stanley et nommé en son honneur. Il est l'inventeur de l'automobile Stanley Steemer. Il est décédé en 1940, mais selon plusieurs, il n'a jamais quitté l'hôtel.

F. O. Stanley

Mr. Stanley's ghost is thought to sometimes appear to guests near the reception desk. The phantom of his wife Flora often plays the piano in an otherwise empty music room.

On croit que le fantôme de M. Stanley apparaît parfois aux invités près du bureau de la réception. Le fantôme de sa femme Flora joue souvent du piano dans la salle de musique vide.

Elizabeth was a **chambermaid** who nearly died in an explosion at the Stanley in the 1920s. She recovered and worked there until she died at age 90. Her ghost passes through doors to straighten up the rooms.

Elizabeth était une **femme de chambre**. Elle a failli mourir dans une explosion à l'hôtel dans les années 1920. Elle s'est rétablie et a continué d'y travailler jusqu'à sa mort à l'âge de 90 ans. Son fantôme passe à travers les portes pour faire les chambres.

The Stanley Hotel is also famous for being the inspiration for horror novelist Stephen King. He and his wife Tabitha, also a novelist, stayed there in 1974. After a nightmare, he woke up and came up with the idea for his best-selling novel *The Shining*. A movie based on the book features the ghosts of two young girls (above right).

Le Stanley Hotel est également célèbre parce qu'il a été l'inspiration de l'écrivain de romans d'épouvante Stephen King. Lui et sa femme Tabitha, également écrivaine, y ont séjourné en 1974. Après un cauchemar, il s'est réveillé et a trouvé l'idée pour son meilleur roman, *The Shining* (*Shining, l'enfant lumière* en français). Un film basé sur le livre montre les fantômes de deux jeunes filles (ci-dessus, à droite).

CONCLUSION

CONCLUSION

Are there really ghosts staying in the same hotels as the living? What one person sees, another might explain away.

Y a-t-il vraiment des fantômes qui séjournent dans les hôtels, comme les vivants? Ce qu'une personne voit, une autre peut l'expliquer.

It's up to you to decide for yourself. If you hear or see something creepy, write it down or capture it with a camera. The evidence you discover might bring us closer to understanding...THE HAUNTED.

C'est à toi de te faire ta propre idée. Si tu entends ou vois quelque chose d'effrayant, décris le phénomène par écrit ou prend une image. La preuve que tu découvriras pourrait nous aider à comprendre... LES LIEUX HANTÉS.

GLOSSARY/GLOSSAIRE

bellman (BEL-muhn): A person who works in a hotel and brings luggage to guests' rooms

chambermaid (CHAYM-bur-mayd): A maid who cleans and takes care of bedrooms in a hotel

demonic (di-MON-ik): An evil spirit, something that wishes to cause harm

inspiration (in-spihr-AY-shuhn): Something that causes someone to act, create, or feel emotions

pagan (PAY-guhn): A religion that focuses on spirituality or nature

paranormal (pa-ruh-NOR-muhl): Strange events that are beyond normal understanding

remains (ri-MAYNZ): The body of a dead person

specter (SPEK-tur): Another word for ghost

spiritualist (SPIHR-i-tyool-ist): A person who believes the spirits of the dead can communicate with living people

vicars (VI-kurz): Ministers in charge of churches who represent other ministers

chasseur (cha-sseur) : Une personne qui travaille dans un hôtel et qui transporte les bagages des invités dans leur chambre

démoniaque (dé-mo-niak) : Un esprit maléfique, quelque chose qui veut faire du mal

femme de chambre (fam de chanbr) : Une femme qui fait le ménage des chambres dans un hôtel

inspiration (in-spir-a-ssion) : Quelque chose qui pousse quelqu'un à agir, à créer ou à sentir des émotions

païen (pa-yin) : Une religion axée sur la spiritualité ou la nature

paranormaux (pa-ra-nor-mo) : Des événements étranges qui sont au-delà de la compréhension normale

pasteurs (pass-teur) : Ministres chargés d'églises qui représentent d'autres ministres

restes humains (rèst u-min) : Le corps d'une personne morte

spectre (spektr) : Un autre mot pour fantôme

spiritiste (spi-ri-tist) : Une personne qui croit que l'esprit des morts peut communiquer avec les vivants

INDEX/INDEX

WEBSITES TO VISIT
SITES WEB À CONSULTER

https://kids.kiddle.co/Ghost

www.hauntedrooms.co.uk/ghost-stories-kids-scary-childrens

www.ghostsandgravestones.com/how-to-ghost-hunt

ABOUT THE AUTHOR / À PROPOS DE L'AUTEUR

Thomas Kingsley Troupe

Thomas Kingsley Troupe is the author of a whole pile of books for kids. He's written about ghosts, Bigfoot, werewolves, and even a book about dirt. When he's not writing or reading, he investigates the paranormal as part of the Twin Cities Paranormal Society. He lives in Woodbury, Minnesota with his 2 sons.

Thomas Kingsley Troupe est l'auteur d'une foule de livres pour enfants. Il a écrit au sujet des fantômes, du Sasquatch, des loups-garous et même un livre sur la saleté. Quand il ne s'affaire pas à écrire ou à lire, il enquête sur des phénomènes paranormaux avec la Twin Cities Paranormal Society. Il habite à Woodbury au Minnesota avec ses deux fils.

The images/photos depicting "ghosts" in this book are artists' interpretations. The publisher does not claim these are actual images/photos taken of the ghosts mentioned in this book.

Les images et les photos présentant des « fantômes » dans ce livre sont des représentations artistiques. L'éditeur ne prétend pas qu'il s'agit d'images et de photos réelles des fantômes mentionnés dans ce livre.

Crabtree Publishing

crabtreebooks.com 800-387-7650

Hardcover: 978-1-0398-6993-6
Paperback: 978-1-0398-6981-3
Ebook (pdf): 978-1-0398-7005-5
Epub: 978-1-0398-7017-8

Printed in Canada/Imprimé au Canada

Library and Archives Canada
Cataloguing in Publication
Available at the Library and Archives Canada

Library of Congress
Cataloging-in-Publication Data
Available at the Library of Congress

Published in Canada
Publié au Canada
Crabtree Publishing
616 Welland Avenue
St. Catharines, Ontario
L2M 5V6

Published in the United States
Publié aux États-Unis
Crabtree Publishing
347 Fifth Avenue
Suite 1402-145
New York, NY 10016

Written by/Auteur : Thomas Kingsley Troupe
Designed by/Conception : Jennifer Dydyk
Edited by/Révision : Kelli Hicks
Proofreader/Correctrice : Melissa Boyce
Translation/Traduction : Annie Evearts

Photographs/ Couverture: Cover: Man and hotel © Ollyy, skull on cover and throughout book © Fer Gregory, pages 4-5 creepy picture borders here and throughout book © Dmitry Natashin, page 4 © feeling lucky, page 5 hotel © Gudmund, page 6 © Andrey Bayda, page 7 Marilyn © Editorial credit: Javi Az / Shutterstock.com, hotel interior © Editorial credit: littlenySTOCK / Shutterstock.com, pages 8-9 © Anneka, page 10 © feeling lucky, page 11 © Masarik, page 12 © Andriy Blokhin, page 13 ghost bride © Salome Hoogendijk, page 14-15 © Jojoo64, page 16 © jirakit suparatanameta, page 17 © itsmejust, page 20 © Paula Cobleigh, page 21 bell-hop © Pressmaster, handprint © Kirill Kurashov, page 23 © ADragan, pages 24-25 © MHalvorson, page 26 © Kaul Photo and Cinema, page 27 Stephen King © Editorial credit: Everett Collection / Shutterstock.com, Twins from movie The Shining © Hethers, page 28 © Cinemato, page 29 © feeling lucky. All images from Shutterstock.com except page 8 © Brian Robert Marshall / Ram Inn, Potters Pond, Wotton under Edge / CC BY-SA 2.0, page 13 John Potts Slough public domain image, Page 18 Red Lion Inn, Massachusetts © John Phelan https://creativecommons.org/licenses/by-sa/4.0/deed.en, page 19 © ysbrandcosijn/istockphoto.com, page 22 Nick Kenrick/Flickr https://creativecommons.org/licenses/by/2.0/